Fièrement moustique !

Claire Obscure

À Fanfan

Le raton laveur

Catalogage avant publication de Bibliothèque et Archives nationales du Québec et Bibliothèque et Archives Canada

Obscure, Claire

Fièrement moustique

(Les contes du potager)
(Le raton laveur)
Pour enfants de 3 à 9 ans.

ISBN 978-2-89579-189-8

I. Titre. II. Collection: Obscure, Claire. Contes du potager. III. Collection: Raton laveur (Bayard (Firme)).

PS8579.B79F53 2008 jC843'.6 C2007-942562-3
PS9579.B79F53 2008

Nous reconnaissons l'aide financière du gouvernement du Canada par l'entremise du Programme d'aide au développement de l'industrie de l'édition (PADIÉ) pour nos activités d'édition.

Conseil des Arts du Canada | Canada Council for the Arts

Bayard Canada Livres Inc. remercie le Conseil des Arts du Canada du soutien accordé à son programme d'édition dans le cadre du Programme des subventions globales aux éditeurs.
Cet ouvrage a été publié avec le soutien de la SODEC.
Gouvernement du Québec – Programme de crédit d'impôt pour l'édition de livres – Gestion SODEC.

Dépôt légal – 1e trimestre 2008
Bibliothèque nationale du Québec
Bibliothèque nationale du Canada

Direction : Paule Brière
Graphisme : Mathilde Hébert
Révision : Mireille Leduc

4475, rue Frontenac, Montréal (Québec), Canada H2H 2S2
Téléphone : (514) 844-2111 ou 1 866 844-2111
Télécopieur : (514) 278-3030
Courriel : edition@bayard-inc.com

Imprimé au Canada

Au potager, tous les oiseaux sont amis.

Gros bec, courtes pattes ou robe à rayures, chacun a sa particularité. Kiwi, lui, a de toutes petites ailes, si petites qu'on le surnomme parfois Moustique.

Le midi, les amis prennent
des bains de sable
en se racontant des histoires.
Ensuite, ils se lissent
les plumes avec soin.
Quand quelqu'un
trouve une puce, il crie :
PUCE !

Puce!
Puce!

Chaque après-midi, ils prennent un ver ensemble.
Parfois ils étirent ça jusqu'au soir.

Coucou!

Tu y crois, toi ?
Alors c'est bien vrai ?

En fin de journée, on se rassemble
pour échanger les dernières nouvelles.
Certains racontent, plusieurs exagèrent,
tout le monde s'amuse.

À l'aube, c'est à celui qui crie le plus fort et chipe le plus de moustiques au nez des autres. La chasse au moustique met en valeur les plus habiles acrobates qui en profitent pour faire des clowneries. C'est un grand concours où chacun fanfaronne en se moquant de ses adversaires. Toutes les blagues sont permises et on pouffe de rire souvent.

Et c'est là que Kiwi s'ennuie.
En fait, il ne s'ennuie pas vraiment,
mais il se trouve si maladroit
avec ses courtes ailes
qu'il préfère ne pas participer.
Il se cache.

— Ah ! Si j'avais de grandes ailes
moi aussi... soupire Kiwi.

— Tu n'aimes pas les moustiques, Moustique ?
se moque Fantoche.

— Au moins, tu réussis à attraper les chenilles, Kiwi !

Et tous les oiseaux éclatent de rire.

— Très drôle, vraiment très drôle… répond Kiwi
qui n'apprécie pas la blague.

Ça fait des lunes que Kiwi n'essaie plus d'attraper les moustiques et ça fait encore plus de lunes qu'on le taquine avec ça, mais cette fois, ç'en est trop. Il part !

Le monde est vaste,
mais Kiwi est bien décidé
à voler jusqu'au soir sans s'arrêter.

À la fin de la journée, il rencontre
un oiseau installé au creux d'un arbre.
Au creux d'un arbre ?

C'est bizarre de se nicher là,
mais Kiwi a grand besoin de repos
et il envie ce petit abri tranquille.

— Je peux dormir près de toi
cette nuit ? demande Kiwi.
J'arrive du potager.

— Tu arrives de loin,
grand voyageur. J'admire
ton endurance. Viens,
je te fais une place.

« C'est bien la première fois qu'on me dit ça », pense Kiwi.

Il a le ventre vide, il est épuisé, mais il est heureux.

« Kiwi grand voyageur... et si ça devenait mon nouveau surnom ? »

Oui, Kiwi est ravi.
Il s'endort avec un grand sourire.

À l'aube, quand Kiwi ouvre l'œil,
son nouvel ami ronfle encore.

— Tu viens déjeuner ? demande Kiwi.

— Mais tu vois bien que je dors !

Kiwi ne comprend pas ce drôle d'oiseau qui veut dormir à l'heure du déjeuner.

Mais il a si faim qu'il bondit à la recherche de quelques chenilles. Et comme ici personne ne le regarde, il s'essaie même à chasser le moustique. Ce n'est pas facile, mais il en capture tout de même trois, quel exploit ! Il s'empresse d'aller raconter ça à son nouveau compagnon.

— Tu as vu ça ? Quatre ! J'ai attrapé quatre moustiques !

— Pas besoin d'inventer des histoires, petit. J'ai tout vu, je garde toujours un œil ouvert.

Oups ! Kiwi est un peu embarrassé...

— D'accord, j'en ai attrapé trois, mais trois gros !

— Pas besoin d'exagérer, tu sais, tu es bien comme tu es. Laisse-moi roupiller maintenant. J'ai un rendez-vous amoureux cette nuit.

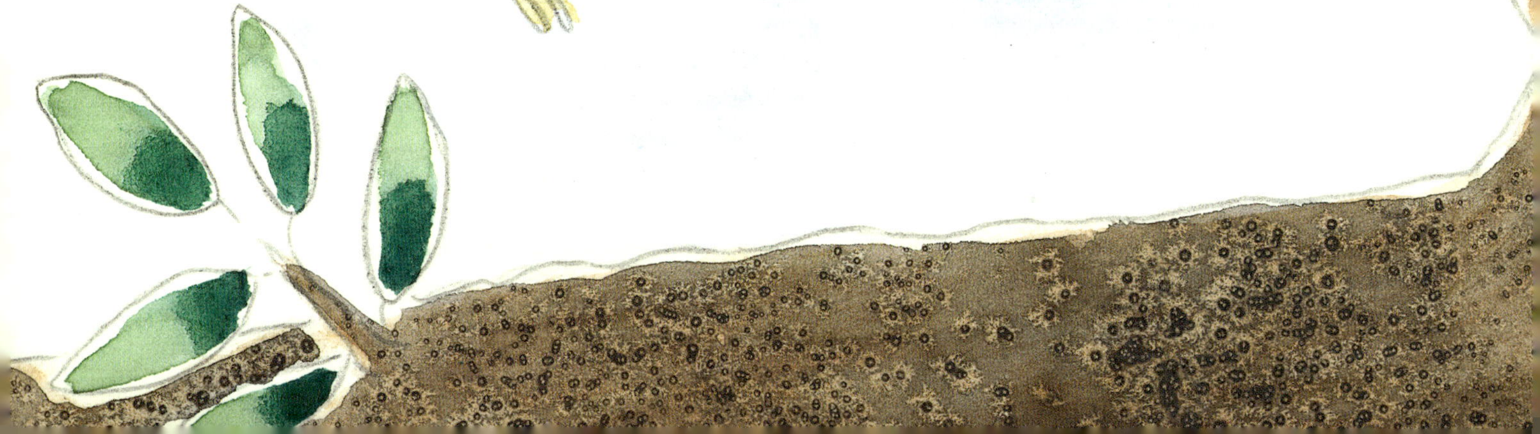

Quel bizarre de personnage !
Un oiseau qui dort au creux d'un arbre,
d'un seul œil, et qui ronfle toute la matinée...
Kiwi n'a jamais vu ça.

De bonne humeur, il lui prend l'envie
d'aller raconter tout ça
à ses vieux copains.

Mais avant de partir, il lance un petit clin d'œil à son nouvel ami en lui soufflant doucement à l'oreille :

— Au revoir ! À la prochaine mon amigo !

Maintenant, Kiwi
est de la partie
pour chaque chasse
au moustique.

Bien sûr
il ne gagne
pas souvent,
mais il s'amuse
comme un fou,
le petit Moustique !